DIE REIHE
Archivbilder

HEILIGENHAUS
IN DEN 1950ER-JAHREN

DIE REIHE
Archivbilder

Heiligenhaus in den 1950er-Jahren

Hartmut Nolte und Christoph Schotten

SUTTON VERLAG

Sutton Verlag GmbH
Hochheimer Straße 59
99094 Erfurt
http://www.suttonverlag.de

ISBN 3-89702-451-9

Druck: Midway Colour Print, Wiltshire, England

Inhaltsverzeichnis

Dank

Die Autoren danken Herrn Alfred Maas, dem langjährigen guten Geist des Stadtarchivs in Heiligenhaus, für Ratschläge, Hinweise und Korrekturvorschläge. Mit den Heiligenhauser Geschehnissen, Lokalitäten und Personen seit seiner Kindheit vertraut, war „Appit" Maas als stadtbekannter, lokalgeschichtlich interessierter und ehrenamtlicher Mitarbeiter des Stadtarchivs trotz seiner bedenklichen gesundheitlichen Verfassung auch bei diesem Projekt stets ein geduldiger und auskunftsfähiger Ansprechpartner.

Bildnachweis

Bei der im vorliegenden Bildband gezeigten Bildauswahl wurde auf Fotografien aus den Beständen der Stadtarchive Heiligenhaus und Velbert zurückgegriffen.

Nicht alles, was in Heiligenhaus in den 1950er-Jahren geschah, lässt sich bislang fotografisch belegen. So fehlen in den beiden Stadtarchiven beispielsweise Bilddokumente aus der Heiligenhauser Landwirtschaft, dem Handwerk oder Handel. Die Autoren hoffen, dass sich aus dem Kreis der Leserinnen und Leser der ein oder andere mit interessanten historischen fotografischen Eindrücken an die beiden Archive wendet, damit nachfolgenden Generationen möglichst viele Bildeindrücke aus vergangenen Jahrzehnten erhalten bleiben.

Vorwort

„Vieles ist in Heiligenhaus reichlich vorhanden, so zum Beispiel der Autoverkehr, gepflasterte Straßen, auf denen die Autos ins Rutschen kommen, und Zugezogene. Ich persönlich habe erst einen ‚Ur-Heiligenhauser' kennengelernt [...] Anderes gibt es weniger reichlich. Zum Beispiel Papier- und Abfallkästen, Hinweisschilder und Wohnungen – freie natürlich. Wohnungen fehlen trotz der regen Bautätigkeit, die schon manche hübsche Aussicht geschluckt hat. Es ist übrigens einfach, einen Neubau zu erkennen: erstens paßt er meist nicht zum Stil des Nachbarhauses, und zweitens liegen oft noch die übriggebliebenen Baumaterialien verstreut davor herum. Sonst ist Heiligenhaus aber wirklich ein nettes Städtchen mit fleißigen und lieben Menschen."

Ein Neu-Heiligenhauser fasste im Dezember 1958 seine ersten Eindrücke in diesem launigen, von den Autoren sprachlich leicht geänderten Brief an eine Lokalzeitung, zusammen. Wie treffend der Zeitzeuge aus vergangenen Tagen die Probleme der Stadt erkannte, veranschaulichen die Fotos in diesem Bildband. Als dringendste Aufgaben der niederbergischen Stadt Heiligenhaus kristallisierten sich in den 1950er-Jahren der Wohnungs- und Straßenbau heraus. Der Bevölkerungszuwachs, den Heiligenhaus innerhalb dieses Zeitraumes verkraften musste, war beachtlich. Während 1950 annähernd 13.000 Menschen in der Stadt lebten, waren es zehn Jahre später bereits 21.000. Vor allem Flüchtlinge aus den ehemals deutschen Ostgebieten fanden in dem vom Krieg weitgehend verschont gebliebenen Ort eine neue Heimat. Aber auch Evakuierte aus der benachbarten Großstadt Essen entschieden sich nach dem Krieg dafür, in Heiligenhaus zu bleiben. Einer Stadt in der Größenordnung von Heiligenhaus stellten sich innerhalb eines kurzen Zeitraums Probleme, die die kleine Verwaltung bisher nicht gekannt hatte. Neben der Versorgung der zahlreichen Neubürger mit angemessenem Wohnraum, musste sie die notwendige Infrastruktur in Gestalt von Schulen, Straßen und Arbeitsmöglichkeiten schaffen. Aus der bisherigen verträumten Straßensiedlung entwickelte sich eine moderne Stadt, die sich anschickte, in die Breite zu wachsen.

Mit finanzieller Unterstützung des Landes Nordrhein-Westfalen und des Bundes entstand zu Beginn der 1950er-Jahre der Ortsteil Wassermangel. Neben Ein- und Zweifamilienhäusern mit Gärten, die zur Versorgung der Familien gedacht waren, gab es hier die ersten Mehrfamilienhäuser, in denen Flüchtlinge ein neues Zuhause fanden. Annähernd 1.750 Menschen waren es, die schließlich in der Wassermangel wohnten. Ab 1954 begann die Bebauung im Nonnenbruch, in dem vor allem zwei- bis viergeschossige Mehrfamilienhäuser in Reihenbauweise hochgezogen wurden. Schneller als geplant war der erste Bauabschnitt fertig, 1956 und 1958 folgten der zweite und dritte. Der Bedarf an Wohnraum führte dazu, dass die Häuser der letzten Bauabschnitte höher gebaut wurden. Schließlich kam sogar ein 14 Geschosse zählendes Hochhaus hinzu. 1.400 Wohnungen entstanden in der 31 Hektar großen Siedlung. Aber auch an anderen Stellen wurden Baulücken geschlossen, alte Häuser durch neue, größere ersetzt.

Im Jahre 1958 begann die Sanierung des innerstädtischen Bereichs. Jahrelange Planungen waren mit dem Ziel vorausgegangen, einen repräsentativen Stadtkern zu schaffen und die neu entstandenen Wohngebiete an die alte Stadt anzubinden. Während die Umgebung des Rathausplatzes in der Ortsmitte das traditionelle Verwaltungszentrum bildete, sollte der Kirchplatz zu einer Geschäftsmeile werden. Etwa 20 Fachwerkhäuser und Geschäftsgebäude aus der dörflichen Periode von Heiligenhaus wurden dort abgerissen und machten mehrgeschossigen Wohn- und Geschäftshäusern mit 82 Wohnungen und 22 Geschäften Platz. Der Kirchplatz wurde breiter und länger. Mit dem Abriss der ursprünglichen Gebäude verschwand jedoch unwiederbringlich ein Stück Heiligenhauser Geschichte, während das Geschäftszentrum seinem geplanten Eindruck zunächst nicht gerecht werden konnte: was städtisch wirken sollte, wurde von vielen Bewohnern nur als Fremdkörper empfunden.

Anziehend wirkten auf viele Menschen aus weitem Umkreis die Beschäftigungsmöglichkeiten in der Stadt. Die Nachfrage nach Schlössern und Beschlägen, für deren Herstellung Heiligenhaus seit vielen Jahrzehnten bekannt war, wuchs derart, dass es zu Betriebserweiterungen und Firmenneugründungen kam. In der kleinen Industriestadt gab es weitaus mehr Arbeitsplätze als berufstätige Einwohner. Allein 1956 pendelten aus den umliegenden Städten etwa 1.200 Menschen ein, 1960 hatte sich die Zahl nochmals um 255 auf nunmehr 1.455 erhöht. Während sich 1950 die Zahl der Gesamtbeschäftigten auf 5.483 belief, waren es am Ende des Jahrzehnts 12.533. Dies entsprach einem Zuwachs von rund 130 Prozent. Etwa 45 Prozent aller Beschäftigten fanden in den Schloss- und Beschlagfabriken ihr Auskommen, die für die Bau- und Automobilindustrie sowie andere industrielle Bereiche produzierte.

Die politischen Verhältnisse in Heiligenhaus erwiesen sich als stabil. Während des hier bildlich dokumentierten Zeitraums stellte die CDU mit Carl Fuhr den Bürgermeister. An der Spitze der Verwaltung löste ab 1954 der parteilose Wilhelm Jochums den Sozialdemokraten Johannes Berge ab. Im Gedächtnis der Menschen blieben indessen andere, private Ereignisse haften, wie der Bezug der eigenen Wohnung, die erste Urlaubsreise an die Nordsee oder in die Alpen, oder die Aktivitäten in den Vereinen. Vielen gegenwärtig sind mit Sicherheit noch die Kinobesuche mit Filmen wie „Grün ist die Heide” oder „Verdammt in alle Ewigkeit” in einem der drei Lichtspielhäuser der Stadt, zu einer Zeit, da Fernsehen noch etwas Besonderes war. Und auch Erinnerungen an die erste Tanzstunde mit Rock 'n' Roll und Boogie, Musikbox und Petticoat, die groß gemusterten Vorhänge im Wohnzimmer und den Hula-Hoop-Reifen konnten sich über Jahrzehnte hinweg halten. Noch einmal anschaulich zu machen, welche Veränderungen in Heiligenhaus damals vor sich gingen, und das Charakteristische für Heiligenhaus und seine Bewohner in einer Zeit aufzuzeigen, die als die „Ära Adenauer“ zu einem festen Begriff wurde, dazu möchte der vorliegende Bildband beitragen.

Heiligenhaus und Velbert
im Mai 2002

1
Veränderungen im Stadtbild

Die Hauptstraße vom Rathausplatz ostwärts bzw. westwärts – Siedlung Gohrstraße – Hangstraße – Talburgstraße – Wohngebiet Wassermangel – Nonnenbruch

Ungefähr in der Mitte der Stadt Heiligenhaus, die sich entlang einer Landwehr bzw. einer wichtigen Landstraße von Holland nach Elberfeld entwickelte, wurde mit der Selbstständigkeit der Stadt 1897 in einem Schulgebäude das Bürgermeisteramt untergebracht. Hier ist der Platz vor dem 1923 um- und ausgebauten Rathausgebäude in der Jahresmitte 1956 zu sehen.

Untergelegte Eisenträger und eine Verbindung mit starkem Eisengeflecht über dem Dach ermöglichen es, die Wartehalle ohne Beschädigung auf einen Tieflader zu hieven. Der Reise zum neuen Standort steht danach nichts mehr im Wege.

Für den Transport der Wartehalle vom Rathausplatz zum neuen Standort „Am Siepen“ werden Anfang Juni 1956 kurzfristig bestehende Verkehrsregeln außer Kraft gesetzt. Nur so ist es möglich, entgegen der Fahrtrichtung, auch einmal in eine Einbahnstraße zu fahren.

Mehr und mehr verschwinden die kleinen bergischen Fachwerkhäuser aus dem Innenstadtbereich. An ihre Stelle treten mehrgeschossige Bauten. Die im September 1955 gemachte Aufnahme zeigt den Rohbau des Heka-Kaufhauses an der Hauptstraße östlich des Rathausplatzes. Auf dem Dachstuhl des dahinter liegenden Wohn- und Geschäftshauses ist bereits ein Richtkranz aufgesetzt.

Blick vom Kirchturm der St.-Suitbertus-Pfarrkirche nach Westen – rechts vorne: der Rathausplatz. Das auf dem südöstlichen Teil des Platzes stehende Haus „Am neuen Pütt“ (auch „Hansbergsches Haus“ genannt) wird 1954 abgerissen. Am rechten Rand im mittleren oberen Bildteil befinden sich Fabrikgebäude der Firmen Küpper & Kauls und Arnold Kiekert Söhne. Im Hintergrund links ist das evangelische Schulgebäude an der Schulstraße erkennbar.

Der mächtige Kirchturm der St.-Suitbertus-Pfarrkiche stellt ein weithin sichtbares „Wahrzeichen“ der Stadt Heiligenhaus dar. In den 1950er-Jahren begrenzt das Grundstück der katholischen Pfarrgemeinde an der Südseite der gepflasterten Hauptstraße noch eine stattliche Zahl Laubbäume.

Im April 1955 werden Abrissarbeiten am Fachwerkhaus „Am Pütt“ (Hauptstraße 151) vorgenommen. Das dahinter sichtbare, verschieferte Haus, in dem lange Jahre die Schloss- und Beschlagfabrik der Gebrüder Horn ihr Domizil hat, steht dagegen, eingefasst von höheren Neubauten, bis zum Jahr 1976.

Blick in die Oberstadt, östlich der Einmündung der Bahnhofstraße (vorne) in die Hauptstraße. In der Bildmitte sind die Werksanlagen der Firma Strenger erkennbar. Im Hintergrund links qualmt noch ein Schornstein der Ziegelei Mannertz, deren Gebäude 1954 aus dem Stadtbild verschwinden.

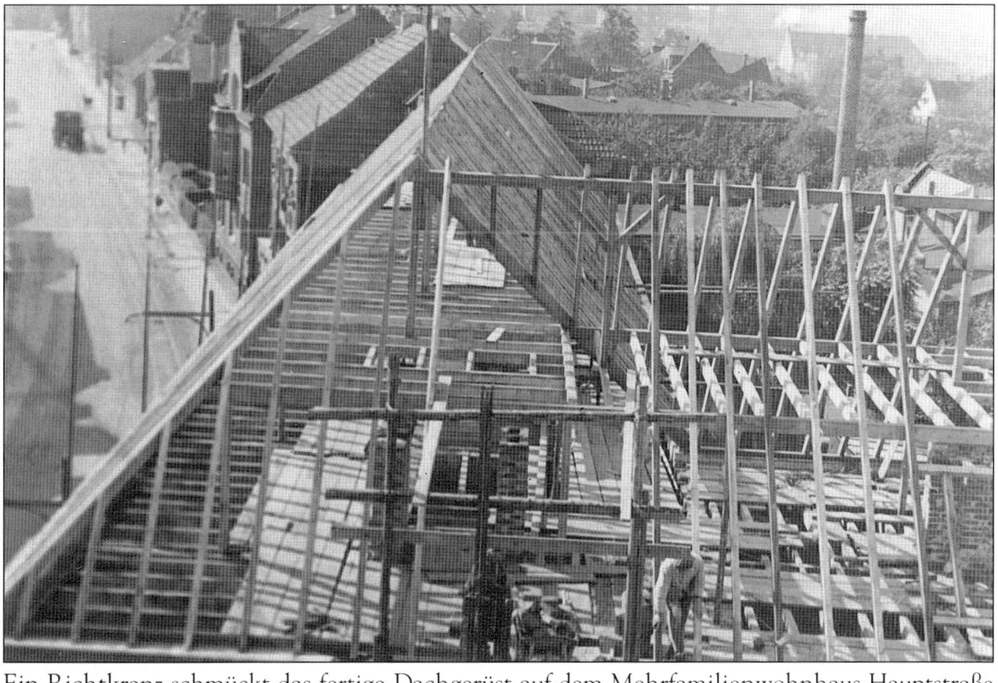

Ein Richtkranz schmückt das fertige Dachgerüst auf dem Mehrfamilienwohnhaus Hauptstraße Ecke Oststraße, in dem Flüchtlingsfamilien eine Bleibe finden. Der Blick vom Dach schweift nach Westen über die Hauptstraße.

Förderung des Fremdenverkehrs, hieß das Motto der Gemeinde 1926 und so entschloss sie sich zum Bau des Hotelrestaurants „Parkhaus“ an der neu angelegten Parkstraße im Norden des Ortskernes, mit Blick auf das idyllische Vogelsangbachtal. Die Aufnahme zeigt den Beginn der Erweiterungsarbeiten im Jahre 1955.

Diese Aufnahme entstand im April 1956. Auf ihr ist der Erweiterungsbau (rechts) im fertigen Zustand zu sehen.

Die Luftaufnahme zeigt den Ortskern zwischen Friedhofstraße (vorne links) und Bahnhofstraße / Feldstraße. Am unteren Bildrand: die von der Stadtverwaltung genutzte, ehemalige Kleinbahnhalle, das darüber liegende Gesundheitsamt, der Steigerturm der Feuerwehr und (in der Bildmitte) die Werksgebäude der Firma August Hitzbleck Söhne. Im Hintergrund „läuft" der Nordring auf die evangelische Nordring-Schule (Feldstraße 2) zu.

Letzte Außenarbeiten erfolgen am gerade eröffneten Gesundheitsamt, Ortsstelle Heiligenhaus, hinter dem Rathaus im März 1955.

Am südwestlichen Ende des Rathausplatzes lassen sich hier im Juli 1952 die Fortschritte des Abrisses eines Gebäudes beobachten. An seiner Stelle wird nur wenig später ein größeres und moderneres Wohn- und Geschäftshaus errichtet. Auf der gegenüber liegenden Straßenseite steht etwas zurückversetzt das St. Josefshaus. In dem Hilfskrankenhaus dürfen bis 1958 Operationen durchgeführt werden.

An einem Septembertag des Jahres 1955 schreiten diese beiden Herren die Friedhofstraße hinunter. Der idyllische Flecken mit den beiden Fachwerkhäusern, von denen das rechte den Namen „Voßlok" (Friedhofstraße 14) trug, befindet sich nur wenige Schritte abseits der Hauptstraße.

Luftaufnahme aus nordwestlicher Richtung mit Blick auf die Gießerei Hitzbleck, deren Gelände im Norden durch die Eisenbahntrasse begrenzt wird, auf diverse Verwaltungsgebäude (erkennbar sind u.a. der Steigerturm der Freiwilligen Feuerwehr und das Gesundheitsamt) sowie auf das fassadenbegrünte Rathaus mit seinem Berufsschul-Anbau. Links davon, Ecke Hauptstraße und Straße Am Rathaus, steht das im September 1955 eröffnete Heka-Kaufhaus. Einen weiteren markanten Orientierungspunkt bietet die katholische St.-Suitbertus-Kirche. Nur wenige Gebäude sind südlich der Hauptstraße erkennbar, da das Gelände hier steil abfällt.

Die Verkehrssituation auf der Hauptstraße Mitte der 1950er-Jahre lässt kaum erahnen, dass sie sich dem Betrachter weniger als ein Jahrzehnt später völlig anders präsentieren sollte. Abgebildet ist ein Ausschnitt von der Straße In der Blume (vorne, außerhalb des Bildes) bis zur Laubecker Straße (hinter dem letzten höheren Gebäude auf der linken Straßenseite).

Der kleinste Verkaufsladen in Heiligenhaus im Jahre 1956: ein Toto- und Lottogeschäft, eingeklemmt zwischen den Häusern Hauptstraße 193 (links) und 191. Ursprünglich befand sich an dieser Stelle einer der vielen Zugangswege zu den Häusern auf dem alten Kirchplatz.

Verschwunden sind auf dieser Aufnahme, wie die Baulücke rechts verdeutlicht, die an der Hauptstraße gelegenen Fachwerkhäuser mit den Nummern 197 und 199. Ihr Abriss erfolgte im Frühjahr 1958. Auch das quer stehende Gebäude in der Bildmitte, das so genannte Batzenhaus, muss wenige Jahre später (1962) einer großzügigeren Straßenführung weichen.

Blick im Oktober 1959 vom „Hochhaus“ auf dem Kirchplatz in Richtung Osten zur katholischen Pfarrkirche St. Suitbertus. Vorne: das über Jahrzehnte beliebteste Hotel am Ort, die „Krone“, mit seinem gewaltigen Saalanbau, in dem sich seit Oktober 1954 das Kino „Kronen-Theater“ befindet.

Einen scharfen Kontrast zu den vielen Neubaumaßnahmen der 1950er-Jahre bieten die Fachwerkhäuser des 18. und frühen 19. Jahrhunderts auf dem alten Kirchplatz. Links: das ehemalige lutherische Pastorat, Kirchplatz 1; Bildmitte: Haus Kirchplatz 2/4; rechts: Haus Kirchplatz 5.

An kaum einer anderen Stelle in der Stadt prallen moderne Architekturplanung und Tradition stärker aufeinander als am Kirchplatz.

Die Fortschritte bei der Verwirklichung des Bauprojekts am Kirchplatz sind 1959 nicht zu übersehen. In unmittelbarer Nachbarschaft von alten Fachwerkhäuschen entsteht ein siebengeschossiger Neubau mit Wohn- und Geschäftsräumen.

Noch stehen die alten Gebäude an der Hauptstraße, aber dahinter sind die modernen auf dem Kirchplatz bereits vollendet. Nach der Einebnung der kleinen Häuser wird die Hauptstraße in diesem Bereich um gut zehn Meter breiter.

Gezeigt wird der Engpass der Hauptstraße vor den weit in die Straßenflucht stehenden Häusern Nr. 199, 197 und den nachfolgenden (links). Eine Verbreiterung der Hauptstraße war bereits seit 1936 geplant, wurde dann jedoch wegen des Zweiten Weltkrieges auf unbestimmte Zeit verschoben.

Baumaßnahme an der im August 1956 noch baumbestandenen oberen Kettwiger Straße. Das wirre Durcheinander von Baumaterialien und Maschinen an der Baustelle wird bald einer sauberen Ordnung weichen.

Viel bleibt nach der Renovierung nicht von dem markanten Gebäude Hauptstraße 207 Ecke Kettwiger Straße übrig. Zwar erhält das Gebäude im September 1954 eine neue Fassade, der charakteristische spitze Turm geht dabei jedoch „verloren“.

Eingebettet zwischen Neubauten steht der Kotten Ziemenhaus – im Volksmund Zimmeshaus genannt – an der Kettwiger Straße. Der Kotten ist eines der zahlreichen älteren Häuser, die den Modernisierungsvorstellungen in Heiligenhaus zum Opfer fallen. Die 1951 entstandene Aufnahme zeigt das zweihundert Jahre alte Gebäude ein Jahr vor dem Abriss.

An Steinen und Beton mangelt es in jenen Jahren nicht; was fehlt, sind Bäume und Sträucher. Das städtische „Aufforstungsprogramm“ zwischen Kettwiger Straße und Hangstraße zeigt 1955 erste Erfolge.

Bereits vor der Abfahrt in Heiligenhaus herrscht unter den Siedlerfrauen aus Hetterscheidt und vom Beekerbusch eine ausgelassene Stimmung, auch wenn das Ziel dieser Tagestour im Jahr 1955, die Henkelwerke in Düsseldorf, nicht weit entfernt ist.

Die damalige Müllkippe zwischen der Gohrstraße und der Straße An der Butterwelle – hier eine Aufnahme aus dem März 1956 – sorgt immer wieder für Beschwerden der Anwohner. Wie in anderen Kommunen üblich, verfüllt die Stadt Heiligenhaus zunächst Erdlöcher und Talmulden in der Nähe von Wohnsiedlungen. Erst 1980 wird fernab der zusammenhängenden Bebauung In der Leibeck eine neue Mülldeponie eröffnet.

Tagsüber wirken die neuen Wohnsiedlungen, wie die Roßdeller Straße auf diesem Bild aus dem Jahre 1952, wie ausgestorben. Selbst der Pkw-Fahrer scheint den verkehrten Weg eingeschlagen zu haben und wendet auf der noch nicht ausgebauten Straße.

Der nordrhein-westfälische Wiederaufbauminister Dr. Otto Schmidt (jeweils rechts im Bild) im Oktober 1951 bei einem Besuch der Siedlung an der Gohrstraße. Die untere Aufnahme zeigt ihn im Gespräch mit einem Siedler. Links neben Schmidt: der damalige Stadtdirektor Johannes Berge (SPD).

Von der Roßdeller Straße streift der Blick im Sommer 1951 zu den mehrgeschossigen Neubauten an der unteren Gohrstraße. Im Vordergrund gut zu erkennen: die kleinen Siedlungshäuser „An der Butterwelle".

Blick von Osten auf die Siedlung Gohrstraße. Links: sieben von zwölf Siedlerhäusern der so genannten „Zwölf Apostel", die bereits in den 1930er-Jahren entstanden. Die Aufnahme vom Juni 1952 zeigt rechts einen Teil der Mehrfamilienwohnhäuser an der unteren Gohrstraße.

Gezeigt werden auf diesem Foto Rohbauten an der Bogen- und fertig gestellte Häuser an der Talburgstraße im März 1956. Das Industriegebäude in der hinteren Bildmitte war die ehemalige Zeche Talburg bzw. das nachfolgende Niederrheinische Eisenwerk.

Eine rege Bautätigkeit prägt das Erscheinungsbild der 1950er-Jahre in der Stadt. Zahlreiche bisher brachliegende Flächen werden nun genutzt, um Wohnraum zu schaffen, wie hier an der mittleren Talburgstraße, wo 19 Eigenheime entstehen. Der eigene Arbeitsanteil der späteren Häuslebesitzer – und sei es nur durch Steineschleppen – machte sich bei den Baukosten bemerkbar.

Ortstermin an der Eisenbahnbrücke Talburgstraße zwischen Vertretern der Bundesbahn, des Straßenverkehrsamtes, der Landesregierung und der Stadt Heiligenhaus im November 1956. Rechts (ohne Hut): Stadtdirektor Wilhelm Jochums.

Ein Spaten mit der Aufschrift PAX (Frieden) vor einem zerbrochenen Schwert ist das Wappen des Internationalen Zivildienstes. Junge Menschen aus den USA, England, Frankreich, Italien, den Beneluxstaaten, der Schweiz und der damaligen ČSSR helfen nur wenige Jahre nach dem Ende des Krieges beim Wohnungs- und Straßenbau in Heiligenhaus. Sie opfern dafür ihren Urlaub. Danach geht es wieder zurück in den Arbeitsalltag.

Die im April 1954 entstandene Aufnahme zeigt junge Belgier des Katholischen Bauordens einen Tag vor ihrer Rückreise vor ihrem Quartier an der Talburgstraße. Sie mischen Sand, schleppen Balken und Steine und schachten mit Muskelkraft aus. Für zahlreiche Flüchtlingsfamilien Am Wassermangel bedeutet der Einsatz des Bauordens aus Belgien die entscheidende Hilfe auf dem Weg zum eigenen Häuschen oder zur eigenen Wohnung.

Freiwillige Hilfe für Menschen und dies über Grenzen hinweg, so lautet der Wahlspruch der jungen Berufstätigen und Studenten, die sich im Internationalen Zivildienstlager zusammenfinden. Das dies keine Lippenbekenntnisse sind, beweisen die jungen Männer im August 1951 bei harter Knochenarbeit an der unteren Talburgstraße.

Auch der Bau der Siedlerhäuser im Wohngebiet Am Wassermangel kommt durch aktive Hilfe der Internationalen Zivildienstler zu Stande.

Mit rasanter Geschwindigkeit wachsen die Mehrfamilienwohnhäuser im Neubaugebiet Am Wassermangel. Die Aufnahme entstand im Herbst 1953.

Zweifamilienwohnhäuser in der Wassermangel im November 1952. Die Bewohner haben ihre Nutzgärten zur teilweisen Selbstversorgung bestellt. Am Horizont links sichtbar: die Niederrheinischen Eisenwerke an der Talburgstraße.

Im April 1955 winden sich die Straßen zum Teil noch in unbefestigtem Zustand durch die Wohnsiedlung Wassermangel.

Trotz zahlloser Neubauten ist die Wohnungsnot lange ein Thema. Auch Mitte der 1950er-Jahre leben noch rund 100 Flüchtlingsfamilien in Heiligenhaus in Baracken, wie hier in solchen an der Talburgstraße, in denen kurz zuvor der Internationale Zivildienst untergebracht war.

Als „eine Insel der Selbsterziehung" wird das Leben in dem neu gebauten Jungarbeiterwohnheim an der Herzogstraße bezeichnet. Es bietet jüngeren Arbeitern, darunter vielen Flüchtlingen und Vollwaisen, eine vorübergehende Heimat. Das 1953 aufgenommene Foto zeigt die Küche, die nach damaligem Verständnis als sehr modern gilt.

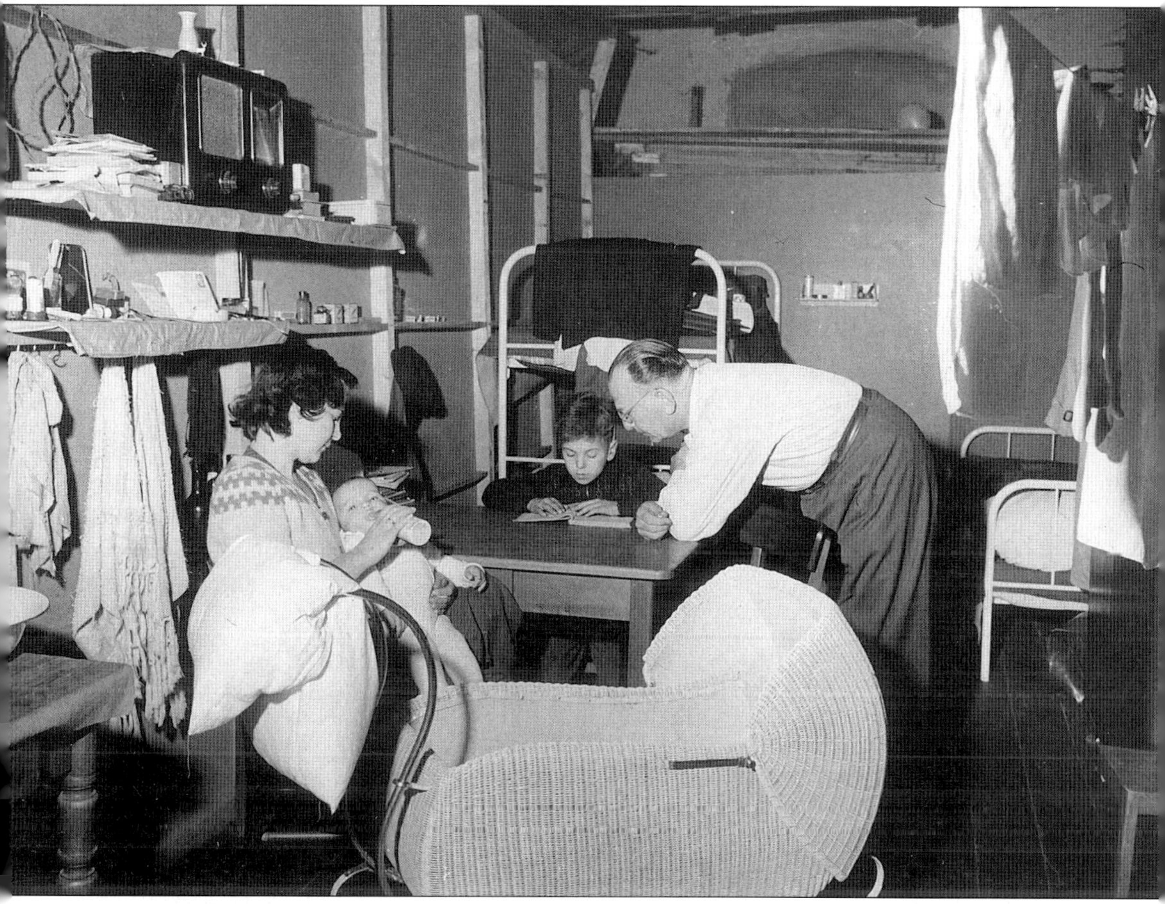

Zwanzig Quadratmeter Wohnfläche für sieben Personen und 17,40 DM Miete. Für viele Umsiedler und Flüchtlinge ist dies der Neubeginn im Westen. Im Oktober 1953 wurde diese Alltagssituation in einem Heiligenhauser Durchgangslager fotografiert.

Im Februar 1959 steht das Hochhaus am Werkerhofplatz im Wohngebiet Nonnenbruch im Rohbau da. Die niedrigeren Wohnblocks im Hintergrund sind bereits bezogen.

Noch bietet sich dem Betrachter das landschaftliche Umfeld im Wohngebiet Nonnenbruch in nicht gerade anheimelndem Zustand: Geröll, Wildwuchs und Müll zieren den Laubecker Bach, der am unteren Bildrand in einem Rohr abgeleitet wird.

Welche Gefahren Ausschachtungsarbeiten noch im Juni 1956 mit sich bringen können, verdeutlicht diese Aufnahme. Heiligenhaus ist den alliierten Luftkriegsstrategen während des Zweiten Weltkriegs trotz der vielen kriegswirtschaftlichen Produktionsstätten keinen gezielten Angriff wert. Trotzdem kommt es immer wieder zu ungezielten Bombenabwürfen alliierter Bomber auf dem Rückflug zu ihren Fliegerbasen in Großbritannien.

Im Südwesten der Stadt entsteht auf einem zuvor landwirtschaftlich genutzten Areal ab 1954 eine neue Siedlung mit 1.400 Wohneinheiten: die Siedlung Nonnenbruch. Der Bauernhof im Vordergrund trägt den Namen Werker Hof. Die im Oktober 1956 zum Teil fertigen oder im Bau befindlichen Wohnblocks im Bildvordergrund stehen an der Breslauer Straße, diejenigen am linken Bildrand an der Südseite der Bergischen Straße.

Vor der Hintergrundsilhouette des alten Ortskerns – in der Bildmitte ist die alte evangelische Kirche zu erkennen –, schreiten 1956 die Bauarbeiten an Wohngebäuden an der Bergischen Straße und der Werkerhofstraße voran.

Nach dem Richtfest an diesen Einfamilienhäusern an der Bergischen Straße gegenüber der Einmündung der Mittelstraße hat im Januar 1956 der Dachdecker seine Arbeit aufgenommen. Um den Wege- und Straßenbau kümmert sich die Stadtverwaltung erst nach der Fertigstellung der Häuser. Einer Schlammpiste ähnlich verdient die Bergische Straße auf dieser Fotografie den Namen Straße noch nicht.

2
Straßenbau und Verkehr

Vor dem Wartehäuschen am Rathausplatz hält ein Postbus mit dem in den 1950er-Jahren noch zugelassenen Busanhänger im Schlepp. Der Betrieb der Straßenbahn nach Velbert wird 1952 eingestellt, die Straßenbahnschienen aus der gepflasterten Hauptstraße entfernt. Am rechten Bildrand ist noch das Hansbergsche Haus („Am neuen Pütt“) sichtbar, das 1954 verschwinden muss.

Gegenverkehr auf der Hauptstraße in der Ortsmitte, im September 1952. Radfahrer und am Straßenrand parkende Autos bremsen den Autoverkehr ab. Obwohl der Straßenverkehr Anfang der 1950er-Jahre noch nicht das Aufkommen wie am Ende jenes Jahrzehnts entwickelt, muss wegen der eingeschränkten Straßenbreite eine für die Anwohner erträglichere Verkehrsführung gefunden werden.

Die beengten Verkehrsverhältnisse auf der gepflasterten Hauptstraße in der Ortsmitte sind der Gemeindeverwaltung bereits vor dem Zweiten Weltkrieg ein Dorn im Auge. Der Krieg verhindert den Abriss der an der nördlichen Straßenseite liegenden Häuser im Bereich des Kirchplatzes (rechts im Bild). Im Mai 1953 wird auf der Hauptstraße der heute noch bestehende Einbahnstraßenverkehr in westlicher Richtung eingeführt.

Zwei Aufnahmen vom September 1952, die die Verkehrssituationen auf der Hauptstraße in Höhe des Einmündungsbereiches der Laubecker und Mittelstraße (links) bzw. Kettwiger Straße (hinten rechts) zeigen. Der Bus hat Schwierigkeiten, aus der Kettwiger Straße in die Hauptstraße einzubiegen. Zu sehen ist die Hauptstraße an ihrer damals breitesten Stelle. Mehrmals ist hier auf Kosten der Gärten vor den Häusern Hauptstraße 203 und 205 (im Bild oben rechts) die Straße bereits verbreitert worden.

Städtische Arbeiter bei der Begradigung der Hauptstraße nach dem Abriss der Fachwerkhäuser „Reh's Hüsken" (Hauptstraße 211) und „Hagdorn" (Hauptstraße 213/215) in Höhe der Gaststätte „Op der Trapp" (rechts). Hinter dem Fachwerkhaus auf der linken Bildseite befindet sich die Einmündung der Kettwiger Straße.

Einen weiten Blick auf den Verkehrsfluss der Hauptstraße in Höhe des Rathauses (links außerhalb des Bildes) nach Osten bis zur Bahnhofstraße / Wülfrather Straße bietet diese Aufnahme vom Dach des Gebäudes Hauptstraße 161. Im abgelichteten Bereich genügt die Straße im Oktober 1952 noch den Verkehrsanforderungen.

Wie gefährlich auch im Sommer die abschüssige Velberter Straße sein kann, erlebt 1955 ein Lkw-Fahrer, der mit seinem Wagen auf nasser Fahrbahn ins Schleudern gerät und vor der Schlossfabrik Dörrenhaus auf ein abgestelltes Fahrzeug prallt. Kopfsteinpflaster wird in den 1950er-Jahren vielfach nur mit einer dünnen Teerdecke überzogen, auf der viele Fahrer mit ihren Autos ins Schleudern geraten, wenn es auf den Asphalt geregnet hat.

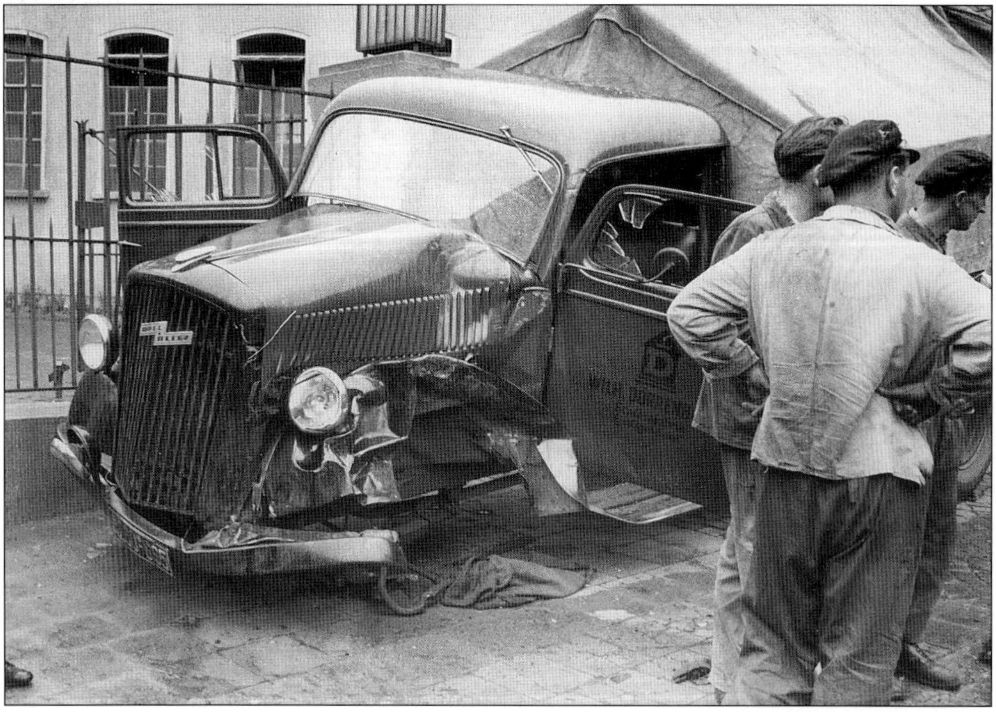

Straßenbauarbeiter beim Teeren des Gehwegs an der Talburgstraße. Interessant ist die Verwendung des vorsintflutlichen Teerkochers im Juni 1956, als diese Aufnahme gemacht wurde.

Auf Dauer wird Kopfsteinpflaster den Anforderungen des zunehmenden Straßenverkehrs nicht mehr gerecht. Arbeiter sind auf diesem Foto vom September 1954 damit beschäftigt, auf der Velberter Straße eine dünne Teerdecke aufzutragen.

Wie im Wohnungsbau, so herrscht in den 1950er-Jahren auch im Straßenbau eine zunehmende Bautätigkeit. Es gilt, die Stadt für das zu erwartende höhere Verkehrsaufkommen autogerecht auszubauen. Hier durchfährt im April 1956 ein Personenwagen eine Baustellenzone auf dem Südring in Höhe der Einmündung Jahnstraße.

Bei Gegenverkehr wird es eng auf der Bergischen Straße. Im Vordergrund liegen Heizungskessel für die Realschule an der Hülsbecker Straße.

Noch beherrscht das Auto nicht die Seitenstraßen. Unbekümmert schlendern die drei Jungen 1951 über den verkehrsfreien Nordring.

Straßenbauarbeiten an der Einmündung des Südrings in die Velberter Straße im Oktober 1955. Trotz der sehr bescheidenen technischen Gerätschaften, aber wegen der weit geringeren Qualitätsansprüche, dauerten Tiefbauarbeiten vor rund 50 Jahren nicht unbedingt länger als heutzutage.

Die Wirtschaft boomt. Das macht sich auch im Rangierbahnhof Hofermühle bemerkbar, wo bereits in den frühen Morgenstunden ein reger Eisenbahnverkehr herrscht. Noch heute ziehen auf der Strecke Wülfrath–Ratingen kraftvolle Loks mehrmals täglich lange, kalkbeladene Züge in Richtung Westen durch das idyllische Tal des Angerbachs.

3
Arbeitswelt

Zum Ausgangspunkt am Rathaus in der Stadtmitte führt den Betrachter diese Aufnahme aus dem Jahre 1956 zurück. Seit 1928 gibt es den Markt auf dem Rathausplatz im Zentrum der Stadt. Vor allem am Samstag herrscht hier dichtes Gedränge.

Samstags und mittwochs ist Markttag auf dem Rathausplatz, und zahlreiche Frauen nutzen die Gelegenheit in den 1950er-Jahren, um die Preise für frisches Gemüse und Obst individuell auszuhandeln.

Für viele Heiligenhauser ist ein Kaufhaus mit großstädtischem Flair zunächst eine Attraktion. Das Heka-Kaufhaus Ecke Hauptstraße und der Straße Am Rathaus eröffnet Ende September 1955.

Zwei Impressionen aus einem Warenhaus vor seiner Eröffnung. Das Kaufhauspersonal ist mit den letzten Vorbereitungen beschäftigt; die Rahmen der gut sichtbaren Hinweisschilder an den Verkaufsständen sind noch ohne Anpreisungen.

Schreiner bei Verlegearbeiten an der Bundeskegelbahn in der Gaststätte „Am Steinhaus“ in Isenbügel im Juli 1954.

Alles zeigt sich wohl geordnet und steht am vorgesehenen Platz: Eine Innenaufnahme der Gaststätte „Dorfkrug“ im Wohngebiet Nonnenbruch unmittelbar vor ihrer Eröffnung im September 1954.

Renovierungsarbeiten zwingen zum Abtransport des alten Mobiliars aus dem Sparkassengebäude an der Hauptstraße Ecke In der Blume. Den Arbeitern und Sparkassenangestellten kommen die niedrigen Temperaturen im Februar 1956 bei der schweißtreibenden Arbeit wohl gerade recht. In dem Gebäude „Em Dahl“ (Hauptstraße 177) im Hintergrund befindet sich jahrzehntelang ein Blumengeschäft.

Gäste, darunter Bürgermeister Carl Fuhr (vorne, 2.v.l.), während der Einweihungsfeier Ende 1956 in der Städtischen Sparkasse an der Hauptstraße Ecke In der Blume nach einer umfassenden Renovierung und Erweiterung des Gebäudes.

Letzte Arbeiten an der technischen Einrichtung des Wahlvermittlungsamtes der Bundespost im September 1955.

Der Rohbau des Erweiterungsbaus der Post an der oberen Hauptstraße, aufgenommen im Januar 1956. Seit 1899 hatte die Post ihren Standort in der Hauptstraße 95. Das alte Gebäude wird 1950/51 gründlich umgebaut und wenig später, Mitte November 1955, beginnen die Arbeiten am westlichen Erweiterungsbau.

Nach der Renovierung der Heiligenhauser Hauptpost werden ausgesuchte Gäste durch die neuen Räume geführt. Ein Postbeamter erklärt die Arbeitsabläufe. Links am Bildrand (mit Stock): Stadtdirektor Wilhelm Jochums.

Über die richtige Schreibweise des Sanct-Josephs-Hauses (Hauptstraße 154) ist sich der Betreiber selbst nicht im Klaren, wie die unterschiedliche Beschriftung rechts neben und über dem Portal auf dem Foto aus dem August 1952 zeigt. Das St.-Josefs-Krankenhaus, im Volksmund „Klösterchen" genannt, betrieben Augustinerinnen bis zum Jahresende 1955, danach die Barmherzigen Schwestern vom Hl. Karl Borromäus.

Die Heiligenhauser Ärzteschaft besichtigt im Frühjahr 1955 das kurz zuvor eröffnete Gesundheitsamt Am Rathaus 13/15. Auf dieser Aufnahme wird ihnen die Funktion des so genannten Stanger-Bades erklärt. In vorderer Reihe: Kreismedizinaldirektor Dr. Dr. Bêche und Landrat Döllken (rechts).

Aufmerksam zuhörende gewerbliche Berufsausbilder auf einer Arbeitstagung im Juni 1956 in der Hetterscheidter Gaststätte „Kuhs“ zeigt diese Fotografie.

Fast im vertrauten Kreis verläuft im Gästehaus an der Ratinger Straße das zweite Seminar der Volkswirtschaftlichen Gesellschaft im Mai 1955. Die Vorträge setzen sich mit der Einführung der 40-Stunden-Woche auseinander.

Nierentisch und Stahlrohrstühle mit Plastiksitzpolstern sind Symbole der 1950er-Jahre. Hier im Januar 1956 ein Blick aus dem Verkaufsraum der Shell-Tankstelle am Südring 175 auf Gebäuderückseiten an der Mozartstraße.

Die gesamte damalige Volkswagen-Modellpalette ist auf diesem Foto aus dem November 1959 in der Wartungshalle des Autohauses Schniewind am östlichen Ende der Hauptstraße aufgeboten.

Nicht nur geschichtsträchtige Gebäude werden in den 1950er-Jahren abgerissen, auch Traditionshandwerk verschwindet, wie beispielsweise die damals einzige Seilerei des Kreises, die am Südring in Heiligenhaus ihre Produkte fertigt.

Stahlfenster- und -türenproduktion in der Firma Robert Michel (Hauptstraße 289): Ein Großteil der Arbeiten wird im März 1956 noch in Handarbeit geleistet.

In einer Zeit des Arbeitskräftemangels ist es nichts Außergewöhnliches, dass Werkzeugmacher, Former oder Gießer arbeiten, die längst im Rentenalter sind. Selbst 77 Jahre scheinen für diesen Kokillengießer der Firma Batz & Co. kein Grund zu sein, aufs Altenteil zu gehen.

Abstich am Kupolofen direkt in die Gießpfanne bei der Firma Gebrüder Batz. Die Brüder Peter und Albert Küpperbusch (Bildmitte) feiern im Dezember 1955, als dieses Foto entsteht, ihr 50-jähriges Arbeitsjubiläum. Links im Bild: Seniorchef Rudolf Batz, rechts: Horst Batz.

Die Riegel- und Baubeschlagfabrik Heinrich Strenger, Hauptstraße 103, lässt ihr Bürogebäude „Am Hangstein“ 1939 im altbergischen Stil umbauen. Der Schnappschuss mit dem „Buckel-Ford“ wird im Juli 1952 gemacht.

Arbeiter in der Schleiferei der Firma Heinrich Strenger bei einer kurzen Pause an ihren Schleifböcken.

Eine eindrucksvolle Wagenkolonne der Jubiläumsgäste parkt im November 1959 in der Oststraße vor der Beschlägefabrik Carl Fuhr: Das Werk feiert sein 100-jähriges Bestehen.

Abgebildet sind der Firmenchef Carl Fuhr (Bildmitte) und Gäste vor den Porträts der Firmengründer während der 100-Jahr-Feier des Betriebes.

Dass in dem unscheinbaren Schieferhaus „An der Insel“ (Hauptstraße 47/49) die Firma Engstfeld seit dem Jahre 1804 produzierte, ist zur Zeit dieser Aufnahme bereits Geschichte. 1954, als das Foto gemacht wird, beschäftigt das stark erweiterte Unternehmen immerhin 400 Mitarbeiter und gehört zu den großen Produktionsbetrieben in der Stadt. Das Haus „An der Insel“ dient den Betriebsangehörigen als Wohnhaus.

Die stetig wachsende Nachfrage nach Heiligenhauser Produkten veranlasst viele Firmen ihre Fabrikationsanlagen auszubauen. Die Firma Engstfeld bildet da keine Ausnahme.

Am 1. Oktober 1955 wird das neue Bürogebäude der Firma Engstfeld eingeweiht. Deutlich sind in seinen großen Ausstellungsfenstern die Mustertafeln mit den verschiedenen Produkten erkennbar.

Sichtlich stolz empfängt Firmenchef Kurt Engstfeld (rechts) im September 1955 am Messestand seiner Firma auf der Kölner Messe den nordrhein-westfälischen Minister für Wirtschaft und Verkehr, Dr. Middelhauve, den Bundeswirtschaftsminister Prof. Dr. Erhard und den Oberbürgermeister der Stadt Köln, Dr. Schwering (v.l.n.r.).

Ehrung des Jubilars Heinrich Rohde (Bildmitte) für seine 50-jährige Tätigkeit bei der Schloss- und Beschlagfabrik Carl Kirchmann Ende Mai 1956. Auf dem Foto flankieren die Firmenchefs Paul Kirchmann (links) und Fritz Farrenkothen den Jubilar.

Einen Eindruck von der 50-Jahr-Feier der Schloss- und Metallwarenfabrik Carl Sievers Ende September 1954 gibt diese Fotografie wieder.

Durch Herauslösen aus der Firma August Hitzbleck Söhne (AHS) entsteht 1951 an der Velberter Straße die Graugießerei Dr. Erich Hitzbleck. AHS hatte 1937 die ehemaligen Werksanlagen Bärsch erworben. Die von Osten gemachte Aufnahme von Ende März 1955 zeigt auch den im Jahr zuvor errichteten neuen Kupolofen, der dem Erschmelzen von Gusseisen dient .

Firmenchef Dr. Erich Hitzbleck lässt es sich nicht nehmen, den von ihm selbst konstruierten Kupolofen einzuweihen.

Ebenso zahlreich wie die Wohnhäuser wachsen die Fabrikanlagen der Firmen in der Stadt. Das Foto vom Herbst 1956 zeigt die Erweiterungen auf dem Gelände der Firma Arnold Kiekert Söhne (AKS) an der Kettwiger Straße.

Ein Auslieferungs-Lkw verlässt an einem Augusttag 1952 den Hof der Schlossfabrik Arnold Kiekert Söhne an der Kettwiger Straße. Kiekert ist heute nach eigenen Angaben weltgrößter Produzent von Automobil-Schließsystemen.

Trauerstunde der Mitarbeiter der Firma AKS in einer Betriebshalle für den verstorbenen Firmenchef Fritz Kiekert. Die Beisetzung des einflussreichen Fabrikanten findet am 16. Oktober 1954 statt.

Arbeitsjubilare der Schloss- und Beschlagfabrik Steinbach & Vollmann (StuV). Die Gruppenaufnahme entstammt dem November 1959.

Interessiert betrachtet im Jahr 1951 die Schar Lausbuben, wie der Bagger in Gang gesetzt wird, um mit den Ausschachtungsarbeiten für das AEG-Meßgerätewerk am Höseler Platz zu beginnen. In der Villa Hauptstraße 294 (im Hintergrund) ist seit September 1987 die Polizeistation untergebracht.

Im Juli 1951 ist bereits ein Teil der Werksgebäude der Allgemeinen Elektrizitätsgesellschaft (AEG) am Höseler Platz im Rohbau fertig gestellt.

Aus einer anderen Perspektive als das vorangegangene Bild bietet sich hier das AEG-Meßgerätewerk im Winter 1954/55 dar. Die Verkehrsführung am Höseler Platz ändert sich im Lauf der Jahrzehnte ein paar Mal.

Cornelia Froboess im Kindesalter bei einem Auftritt auf einem Montagetisch im AEG-Meßgerätewerk. Den Beschäftigten bereitet sie im September 1953 sichtlich Vergnügen.

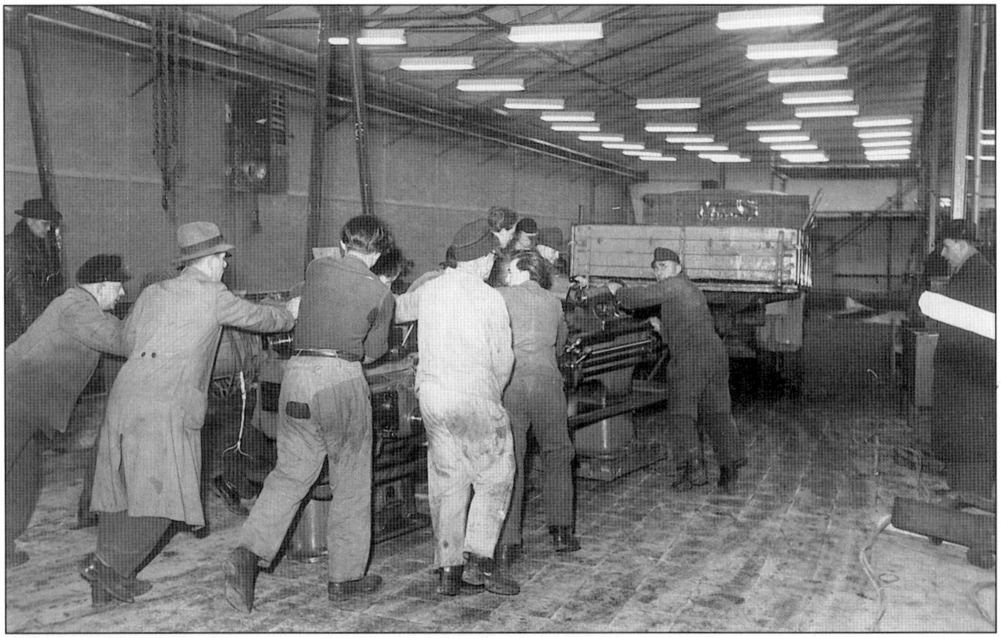

Immer noch ist Muskelkraft gefragt. Das Foto zeigt den Aufbau einer neuen Maschine im AEG-Werk.

Als die Feuerwehr alarmiert wird, ahnt noch niemand die Katastrophe. Am Abend bleibt nur die Feststellung, die Mitteldeutsche Gummi- und Asbestfabrik (Migua) an der Velberter Straße ist bis auf die Grundmauern niedergebrannt. Rund hundert Beschäftigte machen sich an jenem Dezembertag 1950 über ihre Existenz Gedanken, doch die Produktion muss nur kurzzeitig nach Velbert verlegt werden.

4
Soziale Treffpunkte

Politisches Leben – Kirche – Erziehung – Freizeit

Vereidigung des neuen Stadtdirektors Wilhelm Jochums im November 1954. Die offensichtliche Skepsis des Fabrikanten Carl Fuhr (CDU), der bereits seit 1946 das politische Repräsentationsamt des Bürgermeisters innehat, gegenüber dem parteilosen Jochums verfliegt angesichts dessen zupackenden Wesens rasch.

Bürgermeister Carl Fuhr (links vorne) begrüßt den parteilosen Stadtdirektor-Kandidaten Wilhelm Jochums vor dessen Anhörung im Rat der Stadt im November 1954.

Die Ratsmitglieder lauschen den Worten des Stadtdirektor-Kandidaten Wilhelm Jochums (stehend) bei seiner Anhörung vor dem Rat der Stadt Mitte November 1954. Jochums bleibt schließlich bis zum Eintritt in den Ruhestand am 29. Februar 1971 Stadtdirektor in Heiligenhaus.

Feier eines Dienstjubiläums von Stadtbaumeister Otto Baronetzky (2.v.r.) in dessen Privathaus. Unter den Gästen befinden sich: Emil Döllken (2.v.l.) – 1948-61 Landrat und 1946 kurzzeitig Bürgermeister der Stadt, Johannes Berge (4.v.r.) – Stadtdirektor von 1949-54, sowie Kollegen aus der Stadtverwaltung.

Stadtbaumeister Otto Baronetzky am Vortag (9. März 1956) seines 40-jährigen Dienstjubiläums an seinem Arbeitsplatz im Rathaus. Von den 40 Dienstjahren ist Baronetzky 36 in Heiligenhaus tätig. Seinen Dienst tritt er am 20. September 1919 als Bautechniker an. Spuren des Lebenswerks von Otto Baronetzky sind bis heute in Heiligenhaus sichtbar.

Stadtdirektor Johannes Berge mit französischen Botschaftsangehörigen und Arbeitern vor der Schule in Tüschen. Das Schulgebäude dient einem Teil der Gäste des Europäischen Ferienlagers der Arbeiter der Automobilindustrie in Heiligenhaus im Sommer 1953 als Unterkunft.

Bürgermeister Carl Fuhr (rechts) überreicht dem französischen Botschafter in Bonn, André Francois-Poncet, anlässlich einer Rheinfahrt ein Geschenk der Stadt Heiligenhaus. Die mit einem Besuch in Bonn verbundene Rheinfahrt ist Teil eines von der Europa-Union vermittelten, 14-tägigen Besuchsprogramms französischer Arbeiter und Arbeiterinnen im August 1953 in Heiligenhaus.

Abendliche Veranstaltung der Europa-Union unter Beteiligung und zu Ehren französischer Gäste auf dem Heiligenhauser Rathausplatz am 13. August 1953.

Als einer der Redner am Abend des 13. August 1953 präsentiert sich der Publizist und Politikwissenschaftler Prof. Eugen Kogon (2.v.l.). Kogon ist von 1949 bis 1953 Präsident der Europa-Union in Deutschland. Rechts im Bild: Stadtdirektor Johannes Berge.

Bevor es zu Städtepartnerschaften zwischen Heiligenhaus und der französischen Stadt Meaux sowie den britischen Städten Mansfield und Basildon kommt, streckt die Stadt Heiligenhaus ihre Fühler auch zu anderen Städten in Frankreich (La Madelaine) und Großbritannien (Stretford) aus. Hier befindet sich Stadtdirektor Johannes Berge (Bildmitte sitzend) 1955 zu Gast in Stretford.

Eine Zeit lang pflegt Heiligenhaus einen Jugendaustausch mit der Stadt Stretford. Die Aufnahme aus dem Jahr 1955 zeigt eine Heiligenhauser Jugendgruppe zu Besuch in der britischen Stadt.

Der Bürgermeister der britischen Stadt Mansfield empfängt im September 1954 im Rathaus der Stadt eine Jugendgruppe aus Heiligenhaus.

Sichtlich Spaß bereitet den Jugendlichen aus Heiligenhaus und aus einer am Jugendaustausch beteiligten britischen Stadt die Abschiedsfeier im August 1955 im Jugendfreizeitheim an der Hülsbecker Straße.

Noch ein Schnappschuss von einer gemeinsamen Feier Heiligenhauser und ausländischer Jugendlicher 1955 im Jugendfreizeitheim.

Stadtdirektor Wilhelm Jochums (2.v.r.) besichtigt im September 1955 das Heiligenhauser Postamt. Das System der kommunalen Doppelspitze, nämlich eines hauptamtlichen Stadtdirektors als Leiter der Verwaltung und eines ehrenamtlich tätigen Bürgermeisters zu Repräsentationszwecken, installierten die britischen Besatzungsbehörden. Es wird erst 1999 abgeschafft.

Es ist im Juli 1955 keineswegs alltäglich mit einer vierspännigen weißen Hochzeitskutsche zum Traualtar zu fahren. Brautleute und Gespann dürfen sich der besonderen Aufmerksamkeit gewiss sein.

Bei sommerlichem Wetter wohnen am 6. Mai 1956 zahlreiche Gemeindemitglieder der Grundsteinlegung für die Friedenskirche in der Siedlung Am Wassermangel bei.

Einige Monate dauert es, bis das neue Gotteshaus weithin sichtbar im Rohbau steht. Am 1. Advent 1957 findet die feierliche Einweihung statt. Heute befindet sich an der gleichen Stelle bereits ein 1990 errichteter Nachfolgebau.

Pastor Ferdinand Walter Grewel (rechts) am Tage seiner Amtseinführung am 7. November 1954. Links im Bild: der zweite Pfarrer der evangelischen Kirchengemeinde Heiligenhaus, Gerhard Schultze. In der Bildmitte die Ehefrauen der beiden Heiligenhauser Pastöre sowie Pastor Hanns Meyer aus Velbert. Nach dem Tode des Pfarrers Wilhelm Stephany 1954 wurde die evangelische Kirchengemeinde in zwei Seelsorgebezirke (West und Ost) aufgeteilt.

Ende Mai 1956 versammeln sich die Goldkonfirmanden um Pastor Ferdinand Walter Grewel (erkennbar am Beffchen, seinem Amtskragen) vor dem Gemeindehaus an der Schulstraße.

Messdiener, gefolgt von Pastor Bartsch und Kaplan Piel, bilden die Spitze der Prozession am Weißen Sonntag 1955, die hier das St.-Josefs-Haus an der Hauptstraße verlässt.

Messfeier am Fronleichnamstag 1953 an der St.-Suitbertus-Pfarrkirche.

Pfarrer Johannes Bartsch zeigt den Gläubigen, die die Prozessionswege säumen, während einer Pfarrprozession Anfang Juli 1955 die goldene Turmmonstranz mit einer gesegneten Hostie.

Rege Anteilnahme herrscht in der katholischen Kirchengemeinde im Juli 1952 bei der Weihe einer neuen Glocke durch Pastor Bartsch.

Kaplan Richard Piel bei der Entgegennahme von Abschiedsgeschenken aus der Hand des Pfarrers Johannes Bartsch. Der im Krieg schwer verwundete Kaplan Piel – er verlor den rechten Arm – ist zehn Jahre lang Seelsorger in Heiligenhaus. Er wird am 11. November 1956 offiziell verabschiedet.

Pfarrer Johannes Bartsch mit den Mitgliedern des Kirchenchors anlässlich des 50-jährigen Bestehens des Caecilien-Chors im Juni des Jahres 1956. Die Aufnahme aus dem Innern der Pfarrkirche St. Suitbertus gewährt einen Blick auf die Orgelempore und die Kanzel.

In einer langen Prozession ziehen 1953 die kirchlichen Vereine unter Fahnenschmuck und dahinter die Gläubigen über die Hauptstraße zur St.-Suitbertus-Kirche. In der Bildmitte links befindet sich die Einmündung der Jahnstraße.

Weibliche Mitglieder des Pfarrchors von St. Suitbertus tragen auf dem Jubelfest anlässlich des 50-jährigen Bestehens des Kirchenchors im Juni 1956 ein Lied vor.

Unter den vielen Zuhörern, die 1959 ein Missionszelt neben der „Pilgerhütte“ an der Velberter Straße, einer ehemaligen Wirkungsstätte des Pietisten Gerhard Tersteegen, bevölkern, befindet sich Pastor Martin Niemöller, der Präses der Evangelischen Kirche in Hessen und Nassau und Mitglied des Exekutivkomitees (im Bild vorn).

Vortrag in der „Stätte der Begegnung“ in Heiligenhaus im August des Jahres 1953.

Kinder mit Luftballons auf dem Evangelischen Jugendtag im September 1955. Jung und Alt beobachten, ob die Luftballone auch alle in den Himmel aufsteigen und die anhängenden Postkarten fortgetragen werden.

Mit dem für ihn typischen Lachen ehrt Pfarrer Bartsch 1956 langjährige Mitglieder des Kirchenchors.

Abgebildet sind Vortragender und Zuhörer auf der 102. Bezirksdelegiertentagung der Katholischen Arbeitnehmer Bewegung (KAB), die im Oktober 1956 in der Gaststätte „Ratskeller“ in Heiligenhaus stattfindet.

Der Tambourmajor eines Pfadfinder-Musikzuges gibt seinen Kameraden mit dem Taktstock Zeichen. Im Juli 1955, als die Aufnahme entsteht, feiern die Heiligenhauser St.-Georgs-Pfadfinder ihr 25-jähriges Bestehen. 1930 gegründet, müssen sie bereits drei Jahre später ihre Auflösung beschließen. Erst 1947 kommt es wieder zur Neugründung.

Nach ihrem Auftritt im September 1955 auf dem Rathausplatz zieht eine Pfadfindergruppe mit Fahnen und Klampfen westwärts über die für den Autoverkehr gesperrte Hauptstraße.

Goldkonfirmanden gedenken im Juni 1955 am Steinkreuz auf dem evangelischen Friedhof der Verstorbenen.

Als im Januar 1954 der evangelische Pfarrer Wilhelm Stephany beerdigt wird, ist die Anteilnahme in der Bevölkerung überaus groß. Stephany hat die Pfarrei 22 Jahre lang als Seelsorger betreut.

Eine Erzieherin des Kindergartens der Siedlung „Beeker Busch“ mit Kindern beim Liedersingen. Die provisorische Einrichtung, eine Baracke gegenüber der Einmündung der Straße Am Vogelsang in die Linden- bzw. Buchenstraße, existiert beim Entstehen der Fotografie im November 1955 bereits zehn Jahre.

Aufsichtspersonen mit sehr disziplinierten Kindern des evangelischen Kindergartens Hetterscheidt beim Kuchenessen. Die Aufnahme zeigt die erst zwei Jahre alte Einrichtung im November 1955.

Ein Blick auf den im Oktober 1953 fertig gestellten evangelischen Kindergarten im „Tersteegenhaus" in Hetterscheidt.

An einem Oktobertag des Jahres 1954 steht die Geschichte von „Frau Holle“ auf dem Stundenplan, und da die Erstklässler der Evangelischen Schule an der Schulstraße Besuch haben, sind sie an diesem Morgen besonders aufmerksam und konzentriert.

Mit insgesamt 45 Kindern ist die erste Klasse recht groß. Dennoch verläuft der Unterricht diszipliniert: Wer etwas sagen will, meldet sich mit erhobenem Arm und gestrecktem Zeigefinger.

Max Bertram, Rektor der Evangelischen Schule Schulstraße, kurz vor seiner Pensionierung Ende März 1956. Bertram tritt seinen Dienst in Heiligenhaus am 2. Januar 1912 als „Schulamtsbewerber" an der „evangelischen Schule am Denkmal" an. 1922/23 wird dieses Schulgebäude zum Rathaus umgebaut.

Ein Koch- und Backkurs der Volkshochschule in der Evangelischen Schule an der Schulstraße dauert 1952 fast vier Monate. Danach sind die jungen Damen „Meisterinnen" am häuslichen Herd.

Wie eine Burg wirkt der Rohbau des Erweiterungstraktes der Katholischen Schule an der Wülfrather Straße Ecke Südring im Frühjahr 1951. Mit der Einweihung Ende März 1952 stehen der Schule statt bislang vier nunmehr zehn Klassenräume zur Verfügung.

Redner während des Festaktes zur Einweihung des Erweiterungsbaus der St.-Suitbertus-Schule, Ende März 1952.

Lehrer und die Schulkinder der katholischen St.-Suitbertus-Schule versammeln sich an einem Aktionstag im März 1955 auf der Terrasse und vor dem neuen Anbau der Schule auf dem Gehweg am Südring.

Kinder der St.-Suitbertus-Schule führen auf einem Treffen ehemaliger Schüler im März 1956 ein Theaterstück vor.

Lehrer, Aufsichtspersonen und Schulkinder der St.-Suitbertus-Schule bei einem Ausflug an die Ahr fünf Jahre nach Kriegsende.

Schulkinder überreichen Ernst Dönhoff, dem Konrektor der Suitbertus-Schule, am 22. November 1956 Blumensträuße. Dönhoff feiert an diesem Tag sein 40-jähriges Dienstjubiläum.

Die gesellschaftlichen Vorstellungen sind fest gefügt: Stadtdirektor und Vertreter des Kultusministeriums sowie Honoratioren nehmen in der ersten Reihe Platz. Dies zeigt sich auch während der Feierstunde bei der Einweihung der Evangelischen Schule Nordring im Juni 1954. – Wenn die Einweihung neuer Schulgebäude nichts Außergewöhnliches mehr darstellt, so ist sie trotzdem ein Anlass, der mit tragender Musik und Ansprachen feierlich begangen wird.

Ältere Schulkinder der Nordringschule bringen den Gästen des Sommerfestes im Juli 1954 ein Ständchen dar.

„Zebradressur" des „Zirkus Nordring" der Nordringschule auf dem Sommerfest im Juli 1955.

Rundhölzer, Bretter, Eisenstäbe, Gitter, Zement und Steine sowie ein großer Kran – mehr liegt und steht im Juli 1954 noch nicht auf dem Gelände an der Hülsbecker Straße, auf dem die neue Realschule entstehen soll.

Blick über das Baugelände der Realschule an der Hülsbecker Straße auf die Pfarrkirche St. Suitbertus an der Hauptstraße. Die Eröffnung der Schule, die aus mehreren Gebäudetrakten besteht, sollte noch 16 Monate nach der Aufnahme dieses Fotos im März 1955 auf sich warten lassen.

Den Fortschritt der Bauarbeiten an der Realschule Hülsbecker Straße dokumentiert diese Fotografie vom Dezember 1954. Die Hülsbecker Straße bietet sich dem Betrachter in diesem Ausschnitt noch in unbefestigtem Zustand dar.

Welch ein Kontrast zu den vorangegangenen Fotos! Das Bilddokument zeigt den Realschulneubau am Tag der feierlichen Eröffnung, am 28. Juli 1956. Der Zustand der vor dem Gebäude vorbeiführenden Hülsbecker Straße lässt allerdings noch zu wünschen übrig.

Otto Nolte (links), Rektor der Realschule seit 1949, erhält aus den Händen von Ratsherr und Kuratoriumsmitglied der Realschule, Hans Küpper, anlässlich der feierlichen Eröffnung des Neubaus an der Hülsbecker Straße am 28. Juli 1956 ein Erinnerungsgeschenk.

Lehrer und Schulkinder während eines Weihnachtskonzerts in der Realschule.

Lehrer Willibald Ziehn hält im November 1950 eine Rede zum 50-jährigen Bestehen der evangelischen Volksschule Hetterscheidt. Ziehn ist von 1914 bis 1939 und von 1947 bis zu seiner Pensionierung 1958 Lehrer in Hetterscheidt.

Das katholische Schulgebäude in der Abtsküche, aufgenommen nach Renovierung und Erweiterung im Dezember 1955. Im Hintergrund: die St.-Jakobus-Kapelle.

Letzte, „waghalsige“ Säuberungsarbeiten an der Joachim-Neander-Schule in Tüschen vor der Eröffnung des Schulneubaus im März 1953.

Die evangelische Volksschule Tüschen, die nach dem reformierten Theologen und Kirchenliederdichter Joachim Neander benannt wurde, am 20. März 1953. Es ist der Tag ihrer feierlichen Eröffnung.

Volksschul-Neubau auf den Isenbügeler Höhen, fotografiert während der Bauphase im November 1950. Das untere Foto bietet einen Eindruck vom Rohbau der Adolf-Clarenbach-Schule im Frühjahr 1951.

Schulkinder warten im Juli 1954 auf ihren sportlichen Einsatz am Rande eines Schulsportfestes.

Voller Elan und mit Begeisterung sind die jungen Schülerinnen beim Start zu ihrem Lauf um den Stauteich vor der Abtsküchar Kulisse dabei. Die Temperatur im März des Jahres 1952 zwingt sie zur raschen Fortbewegung.

Anfang Juli 1951 erfolgt die Einweihung des Lehrlingsheimes Bahnhofstraße 50 / Feldstraße 1. 1960 wird es zu einem zweiten Jungarbeiter-Wohnheim umfunktioniert.

Elternteile – so sie noch leben, denn ein guter Teil der Lehrlinge sind Halb- oder Vollwaisen – können sich gelegentlich, wie hier im Mai 1955, ein Bild von der Unterbringung ihrer Sprösslinge im Heiligenhauser Lehrlingsheim machen.

An der Ostseite der städtisch genutzten, ehemaligen Kleinbahnhalle lässt die Stadt wegen des Raummangels der Berufsschule einen Behelfsbau errichten. Die vorliegende Aufnahme zeigt den Zweckbau Ende 1959.

Aus damaliger Sicht recht komfortabel lässt es sich in den Räumen des Jungarbeiter-Wohnheims an der Herzogstraße leben. Der Volksmund nennt das im September 1953 fertig gestellte Gebäude etwas abschätzig „Bullenkloster".

Zwei schiffschaukelnde Mädchen im Juli 1956 auf der Hetterscheidter Kirmes.

Tanzpaare in Aktion auf der Isenbügeler Blotschenkirmes. Eine der Tanzpartnerinnen lernt hier im September 1952 das „Fliegen“.

Gut besucht ist ein Platzkonzert mehrerer Musikzüge vor dem Rathaus im Jahr 1958.

Eine Musikkapelle bildet den Abschluss des Schützenzuges 1954. Auf dem leeren Platz an der rechten Straßenseite befand sich bis zum Abriss 1923 die lutherische Kirche. Auf Höhe des sichernden Polizeiwagens steht, verdeckt durch Bäume, das evangelische (ehemals lutherische) Pastorat.

Abgebildet ist das Heiligenhauser Schützenkönigspaar des Jahres 1955/56: Franz I. und Trude.

Liebstes Freizeitvergnügen der Kinder ist es herumzutoben. Mit zweckmäßig eingerichteten Spielplätzen, wie hier im Juli 1952 an der Kettwiger Straße, lässt sich dieser Wunsch in geordnete Bahnen lenken. Die Häuser im Hintergrund stehen an der Hangstraße, Butterwelle und Roßdeller Straße.

Kleine und große Teilnehmer am Martinszug des Jahres 1956 in der Abtsküche rund um den Stauteich verlassen die St.-Jakobus-Kapelle.

Schlittschuhläuferinnen auf der im Winter vereisten Rollschuhbahn am Südring, fotografiert im Februar 1954.

Rodelnde Kinder. Die weiße Pracht im Februar 1956 musste doch ausgenutzt werden!

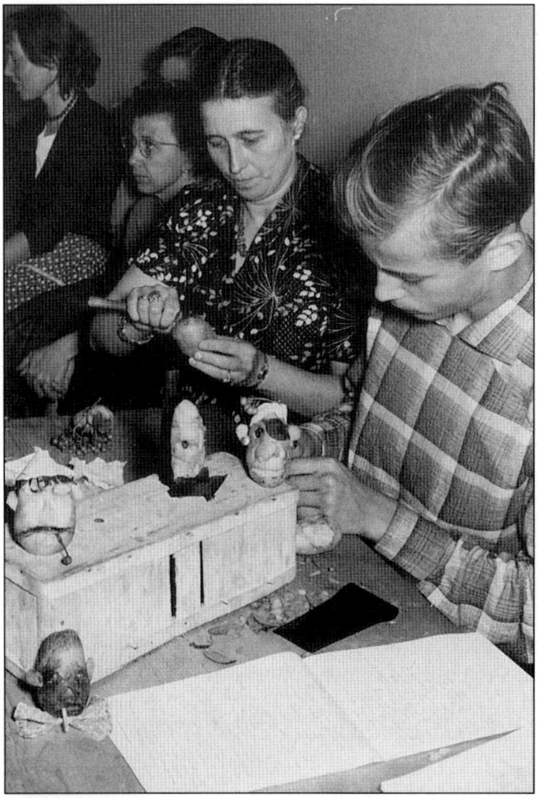

Vertriebene präsentieren auf der Ostdeutschen Volkstumswoche im September 1956 ihr Können als Kartoffelschnitzer.

Erwin Sohns Akkordeongruppe beim Vorspielen im Januar 1956. Bis zum heutigen Tag wird das Akkordeonspielen in Heiligenhaus hochgehalten.

Schnappschuss im November 1952 von einer Probe des damals wie heute ältesten Heiligenhauser Vereins, des 1867 gegründeten Männergesangvereins „Frohsinn“.

Der Männergesangverein „Concordia“ ehrt im Oktober 1953 langjährige Vereinsmitglieder.

Sein 25-jähriges Bestehen feiert im Oktober 1956 der Brieftaubenverein „Siegestaube“.

Gruppenbild mit Hase. Die Mitglieder des 1903 gegründeten Kaninchenzuchtvereins Heiligenhaus sitzen dem Fotografen anlässlich des 50-jährigen Vereinsjubiläums im April 1953 Modell.

Teilnehmer am Segelflug-Modell-Wettbewerb 1956 lassen auf einer Wiese ihre selbst gebastelten Modelle aufsteigen.

Zu einem freudigen Anlass, wie der Taufe eines Segelflugzeugs auf den Namen „Stadt Heiligenhaus“ mit sprudelndem Sekt, lässt sich Stadtdirektor Wilhelm Jochums nicht zwei Mal bitten.

Stadtdirektor Johannes Berge weiht im Mai 1954 das Talburg-Stadion ein. Zur Feier des Tages findet ein Fußballspiel zwischen dem damaligen Oberligisten Alemannia Aachen und einer Niederberg-Auswahl statt. Dicht drängen sich die Zuschauer um das Sportrund.

Szene aus einem Freundschafts-Fußballspiel zwischen dem SV Heiligenhaus und dem VfL Benrath, das im Juni 1954 ausgetragen wird.

Reges Treiben herrscht auf dem Sportplatz an der Talburgstraße bei einem Schülersportfest. Wer mit seinen Übungen fertig ist, schaut interessiert den anderen zu.

Eine 7,22 Meter breite Laufbahn und ein 106 Meter breites Spielfeld: der neue Sportplatz an der Talburgstraße, der im Mai 1954 eingeweiht werden kann, lässt kaum Wünsche offen und sucht im Kreis Mettmann seinesgleichen.

Ob das beim Kugelstoßen die richtige Technik ist? Das Interesse an den Leistungen der Nachwuchssportler hält sich, wie man sehen kann, in Grenzen.

Unmittelbar vor der Zielankunft auf dem Leichtathletik-Sportfest des örtlichen Stadtverbandes für Leibesübungen im Juli 1954 befindet sich hier Ursel Ehrkamp als siegreiche Schlussläuferin der 4x100m-Staffel des TV 1869 Heiligenhaus.

Rund um den Abtsküchher Stauteich führt die Teilnehmerinnen dieser Lauf. Das dies auch ohne übertriebenes Sportstyling Spaß macht, verdeutlicht die 1952 entstandene Momentaufnahme.

Einer optischen Täuschung erliegen diejenigen, die den Weitspringer der Leichtathletik-Kreismeisterschaften 1954 in der Wasserlache landen sehen.

Wer hoch hinaus will, benutzt heutzutage einen anderen Sprungstil als auf dieser Studie vom „Tag des deutschen Turnvereins“ im Mai 1955.

Studie der Spielerin Koetter während des Tennis-Stadtmeisterschaftsturniers im Juli 1955.

Ein präsentables Bild geben die Fahnenträger vom 1956 in Heiligenhaus ausgetragenen Kreisturn- und Spielfest.

Sportler des Turnvereins Heiligenhaus 1869 erinnern bei ihrem 85. Stiftungsfest im September 1954 vor der Gedenktafel im Rathaus an die Gefallenen beider Weltkriege.

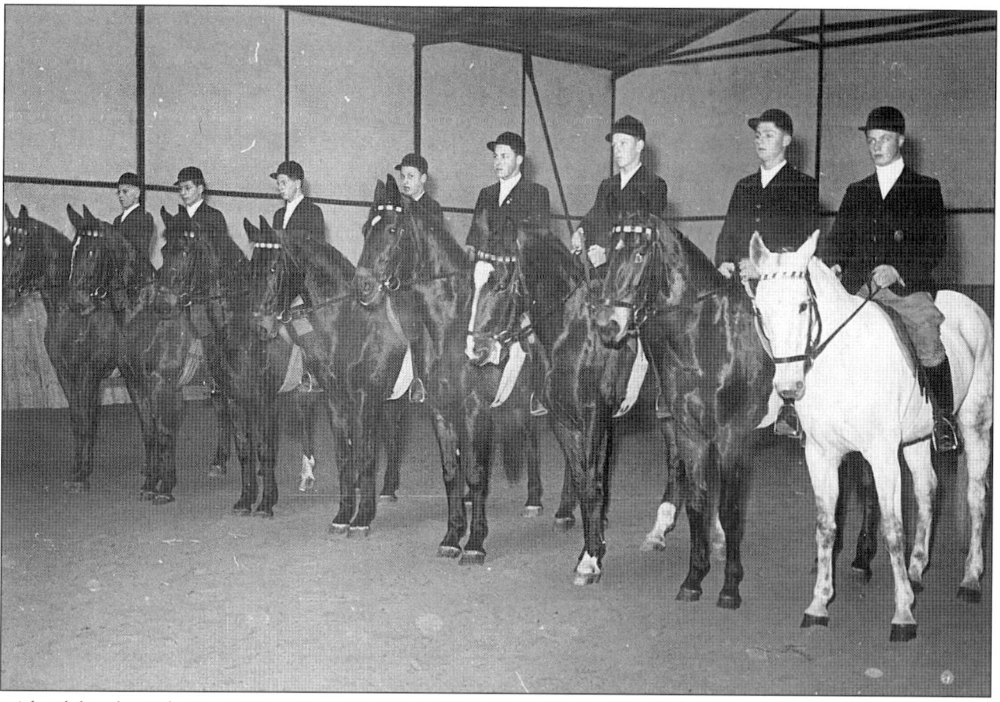

„Abschlussbesichtigung“ und so genannte Reiterzeichen-Abnahme beim Reit- und Fahrverein Heiligenhaus, aufgenommen im Dezember 1954 in der Reithalle in Hetterscheidt.

Durch schweren, vom regnerischen Wetter aufgewühlten Boden führen im Juni 1956 die Teilnehmer eines Hetterscheidter Reitturniers ihre Pferde.

Gruppenaufnahme Heiligenhauser Tischtennisspieler. Das Foto entstand im Juni 1953.

Sie repräsentieren in diesem Bildband die Keglerzunft: die Altherrenmannschaft von „Gut Holz 1904“, fotografiert im Juli 1954.

Wanderin im Sommer 1956 auf einem der zahlreichen Wanderwege, die Heiligenhaus im Norden entlang des Vogelsangbachtales und im Süden im Angertal auch heute noch aufweisen kann.